Véronique Cauvin
assistée de Zoé Cauvin

MUFFINS

Photographies Édouard Sicot
Stylisme Natacha Arnoult

MINI gourmands | SOLAR EDITIONS

Sommaire

Introduction

Individuel, rond, légèrement gonflé, moelleux et savoureux, le muffin est un petit gâteau venu tout droit des États-Unis. Dans sa recette originelle et traditionnelle, il connaît deux variantes : myrtilles ou pépites de chocolat. Mais toutes les déclinaisons sont désormais possibles, même dans des versions salées !

Très facile et très rapide à préparer, il varie à l'infini selon les saisons, l'imagination et les goûts de chacun. Le muffin se présente dans de petites caissettes volontiers colorées et il se déguste aussi bien chaud que froid.

Il fera la joie des enfants pour un goûter et se parera de crème et de fruits à l'occasion d'une fête. En version mini ou maxi et salée, le muffin s'invite aussi à l'apéritif.

Les plus petits seront fiers de mélanger la pâte avec maman ou papa tout en se léchant les doigts avec gourmandise, tandis que les plus grands en feront de grandes fournées pour se régaler avec leurs copains et copines.

Après avoir conquis l'Amérique, ce petit gâteau investit votre cuisine pour le plaisir de toute la famille et celui de vos convives.

Retrouvez cette alléchante déclinaison de muffins, choisissez celui qui vous ressemble le plus et régalez-vous !

Muffins au jambon d'Auvergne, cœur coulant de saint-nectaire

Pour 6 muffins
Préparation : 15 min
Cuisson : 20 min

150 g de jambon d'Auvergne (ou équivalent)

100 g de saint-nectaire

1 œuf

60 g de beurre + un peu pour le moule (facultatif)

½ pot de yaourt nature

100 g de farine

½ sachet de levure chimique

Sel et poivre

- Préchauffez le four à 180 °C (th. 6).
- Faites fondre le beurre dans une petite casserole, puis réservez.
- Beurrez très légèrement le moule à muffins pour faciliter le démoulage ou garnissez chaque alvéole d'une caissette en papier.
- Hachez le jambon. Retirez la croûte du saint-nectaire et taillez le fromage en 6 dés de 15 g environ. Réservez.
- Dans un saladier ou dans le bol d'un robot, mélangez l'œuf, la farine et la levure chimique. Versez le yaourt et le beurre fondu pour assouplir la pâte. Ajoutez le jambon haché, salez et poivrez, puis mélangez afin d'obtenir une pâte lisse et homogène.
- À l'aide d'une cuillère, remplissez les moules au tiers. Déposez un dé de saint-nectaire au centre de chacun, puis recouvrez de pâte jusqu'aux deux tiers du moule.
- Enfournez pour 20 minutes, jusqu'à ce que les muffins soient bien gonflés, dorés à l'extérieur et cuits à l'intérieur. Vérifiez la cuisson avec la pointe d'un couteau : elle doit ressortir sèche.
- Sortez les muffins du four et dégustez-les bien chauds.

Muffins à la crème et aux herbes

Pour 6 muffins
Préparation : 10 min
Cuisson : 20 min

150 g de cheddar

1 bouquet de ciboulette

1 œuf

60 g de beurre + un peu pour le moule (facultatif)

20 cl de crème liquide

½ pot de yaourt nature

100 g de farine

½ sachet de levure chimique

Sel et poivre

- Préchauffez le four à 180 °C (th. 6).
- Faites fondre le beurre dans une petite casserole, puis réservez.
- Beurrez très légèrement le moule à muffins pour faciliter le démoulage ou garnissez chaque alvéole d'une caissette en papier.
- Râpez le cheddar et ciselez la ciboulette, puis réservez.
- Dans un saladier ou dans le bol d'un robot, mélangez l'œuf, la farine et la levure chimique. Versez le yaourt et le beurre fondu pour assouplir la pâte. Ajoutez le cheddar râpé, salez et poivrez, puis mélangez afin d'obtenir une pâte lisse et homogène.
- À l'aide d'une cuillère, remplissez les moules aux deux tiers, puis enfournez pour 20 minutes, jusqu'à ce que les muffins soient bien gonflés, dorés à l'extérieur et cuits à l'intérieur. Vérifiez la cuisson avec la pointe d'un couteau : elle doit ressortir sèche.
- Sortez les muffins du four. Montez la crème liquide en chantilly, incorporez la ciboulette ciselée, salez et poivrez, puis servez en accompagnement des muffins.

Muffins à la tomme de Savoie et aux noisettes

Pour 6 muffins
Préparation : 10 min
Cuisson : 20 min

- 200 g de tomme de Savoie
- 4 jaunes d'œufs
- Beurre pour le moule (facultatif)
- 20 cl de crème liquide
- 100 g de noisettes hachées
- 6 noisettes pour le décor
- 2 cuill. à soupe de Maïzena®
- Sel et poivre

• Préchauffez le four à 180 °C (th. 6).

• Beurrez très légèrement le moule à muffins pour faciliter le démoulage ou garnissez chaque alvéole d'une caissette en papier.

• Retirez la croûte de la tomme et découpez le fromage en dés de taille moyenne.

• Dans un saladier, mélangez les jaunes d'œufs, la crème liquide et la Maïzena®. Salez et poivrez, puis ajoutez les noisettes et le fromage.

• À l'aide d'une cuillère, remplissez les moules aux deux tiers, puis décorez d'une noisette.

• Enfournez pour 20 minutes, jusqu'à ce que les muffins soient bien gonflés, dorés à l'extérieur et cuits à l'intérieur. Vérifiez la cuisson avec la pointe d'un couteau : elle doit ressortir sèche.

• Sortez les muffins du four et dégustez-les sans attendre.

Muffins aux pépites de chocolat

Pour 6 muffins
Préparation : 10 min
Cuisson : 20 min

1 œuf

60 g de beurre + un peu pour le moule (facultatif)

½ pot de yaourt nature

130 g de pépites de chocolat (noir, au lait ou blanc)

100 g de farine

½ sachet de levure chimique

75 g de sucre en poudre

• Préchauffez le four à 180 °C (th. 6).

• Faites fondre le beurre dans une petite casserole, puis réservez.

• Beurrez très légèrement le moule à muffins pour faciliter le démoulage ou garnissez chaque alvéole d'une caissette en papier.

• Dans un saladier ou dans le bol d'un robot, battez le sucre avec l'œuf, jusqu'à l'obtention d'une texture légère et mousseuse. Incorporez la farine et la levure chimique, puis versez le yaourt et le beurre fondu pour assouplir la pâte. Mélangez afin d'obtenir une pâte lisse et homogène, puis ajoutez les pépites de chocolat.

• À l'aide d'une cuillère, remplissez les moules aux deux tiers.

• Enfournez pour 20 minutes, jusqu'à ce que les muffins soient bien gonflés, dorés à l'extérieur et cuits à l'intérieur. Vérifiez la cuisson avec la pointe d'un couteau : elle doit ressortir sèche.

• Sortez les muffins du four et dégustez-les tièdes : c'est encore meilleur lorsque le chocolat est chaud et fondant.

Muffins aux myrtilles

Pour 6 muffins
Préparation : 10 min
Cuisson : 20 min

180 g de myrtilles fraîches

1 œuf

60 g de beurre + un peu pour le moule (facultatif)

½ pot de yaourt nature

100 g de farine

½ sachet de levure chimique

75 g de sucre en poudre

- Préchauffez le four à 180 °C (th. 6).
- Faites fondre le beurre dans une petite casserole, puis réservez.
- Beurrez très légèrement le moule à muffins pour faciliter le démoulage ou garnissez chaque alvéole d'une caissette en papier.
- Conservez 6 myrtilles pour la décoration.
- Dans un saladier ou dans le bol d'un robot, battez le sucre avec l'œuf, jusqu'à l'obtention d'une texture légère et mousseuse. Incorporez la farine et la levure chimique, puis versez le yaourt et le beurre fondu pour assouplir la pâte. Mélangez afin d'obtenir une pâte lisse et homogène, puis ajoutez délicatement les myrtilles.
- À l'aide d'une cuillère, remplissez les moules aux deux tiers, puis décorez d'une myrtille.
- Enfournez pour 20 minutes, jusqu'à ce que les muffins soient bien gonflés, dorés à l'extérieur et cuits à l'intérieur. Vérifiez la cuisson avec la pointe d'un couteau : elle doit ressortir sèche.
- Sortez les muffins du four et dégustez-les chauds, tièdes ou froids.

Muffins au chocolat blanc et aux framboises

Pour 6 muffins
Préparation : 10 min
Cuisson : 20 min

250 g de framboises fraîches de préférence ou surgelées

1 œuf

60 g de beurre + un peu pour le moule (facultatif)

½ pot de yaourt nature

100 g de pastilles de chocolat blanc (vendu en chocolaterie)

100 g de farine

½ sachet de levure chimique

75 g de sucre en poudre

- Préchauffez le four à 180 °C (th. 6).
- Faites fondre le beurre dans une petite casserole, puis réservez.
- Beurrez très légèrement le moule à muffins pour faciliter le démoulage ou garnissez chaque alvéole d'une caissette en papier.
- Dans un saladier ou dans le bol d'un robot, battez le sucre avec l'œuf, jusqu'à l'obtention d'une texture légère et mousseuse. Incorporez la farine et la levure chimique, puis versez le yaourt et le beurre fondu pour assouplir la pâte. Mélangez afin d'obtenir une pâte lisse et homogène, puis ajoutez les pastilles de chocolat blanc.
- À l'aide d'une cuillère, remplissez les moules au tiers, déposez une rangée de 6 framboises (selon leur grosseur), puis recouvrez de pâte aux deux tiers et décorez d'une framboise.
- Enfournez pour 20 minutes, jusqu'à ce que les muffins soient bien gonflés, dorés à l'extérieur et cuits à l'intérieur. Vérifiez la cuisson avec la pointe d'un couteau : elle doit ressortir sèche.
- Sortez les muffins du four, laissez-les refroidir sur une grille, puis dégustez-les tièdes ou froids.

Muffins aux pralines roses

Pour 6 muffins
Préparation : 10 min
Cuisson : 20 min

1 œuf

60 g de beurre + un peu pour le moule (facultatif)

½ pot de yaourt nature

140 g de brisures de pralines roses

100 g de farine

½ sachet de levure chimique

75 g de sucre en poudre

- Préchauffez le four à 180 °C (th. 6).
- Faites fondre le beurre dans une petite casserole, puis réservez.
- Beurrez très légèrement le moule à muffins pour faciliter le démoulage ou garnissez chaque alvéole d'une caissette en papier.
- Dans un saladier ou dans le bol d'un robot, battez le sucre avec l'œuf, jusqu'à l'obtention d'une texture légère et mousseuse. Incorporez la farine et la levure chimique, puis versez le yaourt et le beurre fondu pour assouplir la pâte. Mélangez afin d'obtenir une pâte lisse et homogène, puis ajoutez 120 g de brisures de pralines roses.
- À l'aide d'une cuillère, remplissez les moules aux deux tiers, puis saupoudrez du reste de brisures de pralines.
- Enfournez pour 20 minutes, jusqu'à ce que les muffins soient bien gonflés, dorés à l'extérieur et cuits à l'intérieur. Vérifiez la cuisson avec la pointe d'un couteau : elle doit ressortir sèche.
- Sortez-les muffins du four, laissez-les refroidir sur une grille, puis dégustez-les tièdes ou froids.

Muffins au sirop d'érable et aux noix de pécan

Pour 6 muffins
Préparation : 10 min
Cuisson : 20 min

Version française

1 œuf

60 g de beurre

½ pot de yaourt nature

120 g de noix de pécan

100 g de sirop d'érable

100 g de farine + ½ sachet de levure chimique

75 g de sucre blond en poudre

Version québécoise

1 œuf

60 g de beurre

½ pot de yaourt nature

120 g de pacanes

100 g de sirop d'érable

1 cup de farine blanche

½ sachet de poudre à lever

¾ de cup de cassonade

- Préchauffez le four à 180 °C (th. 6).
- Faites fondre le beurre dans une petite casserole, puis réservez.
- Beurrez très légèrement le moule à muffins pour faciliter le démoulage ou garnissez chaque alvéole d'une caissette en papier.
- Mettez de côté 6 noix de pécan pour la décoration. Hachez le reste grossièrement au couteau ou dans le bol d'un robot. Réservez.
- Dans un saladier ou dans le bol d'un robot, blanchissez le sucre avec l'œuf, jusqu'à l'obtention d'une texture légère et mousseuse. Incorporez la farine et la levure chimique, puis versez le yaourt, le beurre fondu et les noix de pécan. Mélangez afin d'obtenir une pâte lisse et homogène, puis versez le sirop d'érable de façon à marbrer la pâte. Remuez à peine : le sirop doit rester apparent.
- À l'aide d'une cuillère, remplissez les moules aux deux tiers et décorez d'une noix de pécan.
- Enfournez pour 20 minutes, jusqu'à ce que les muffins soient bien gonflés, dorés à l'extérieur et cuits à l'intérieur. Vérifiez la cuisson avec la pointe d'un couteau : elle doit ressortir sèche.
- Sortez les muffins du four, laissez-les refroidir sur une grille, puis dégustez-les tièdes ou froids.

Muffins pralinés au Nutella®

Pour 6 muffins
Préparation : 10 min
Cuisson : 20 min

1 œuf

60 g de beurre + un peu pour le moule (facultatif)

½ pot de yaourt nature

120 g de chocolat pralinoise

50 g de Nutella®

6 noisettes pour le décor

100 g de farine

½ sachet de levure chimique

75 g de sucre en poudre

- Préchauffez le four à 180 °C (th. 6).
- Dans une casserole, faites fondre à feu doux le beurre et le chocolat pralinoise coupé en morceaux, puis réservez.
- Beurrez très légèrement le moule à muffins pour faciliter le démoulage ou garnissez chaque alvéole d'une caissette en papier.
- Dans un saladier ou dans le bol d'un robot, battez le sucre avec l'œuf, jusqu'à l'obtention d'une texture légère et mousseuse. Incorporez la farine et la levure chimique, puis versez le yaourt et le beurre fondu pour assouplir la pâte. Mélangez afin d'obtenir une pâte lisse et homogène.
- À l'aide d'une cuillère, remplissez les moules aux deux tiers.
- Enfournez pour 20 minutes, jusqu'à ce que les muffins soient bien gonflés, dorés à l'extérieur et cuits à l'intérieur. Vérifiez la cuisson avec la pointe d'un couteau : elle doit ressortir sèche.
- Sortez-les muffins du four et laissez-les refroidir sur une grille.
- À l'aide d'une poche à douille munie d'un embout cannelé, décorez les muffins d'un petit dôme de Nutella®, déposez une noisette, puis dégustez sans attendre.

Muffins marbrés chocolat-vanille

Pour 6 muffins
Préparation : 10 min
Cuisson : 25 min

1 œuf

80 g de beurre + un peu pour le moule (facultatif)

½ pot de yaourt nature

150 g de chocolat noir

1 gousse de vanille

100 g de farine

½ sachet de levure chimique

75 g de sucre en poudre

- Préchauffez le four à 180 °C (th. 6).
- Faites fondre 60 g de beurre dans une petite casserole, puis réservez.
- Beurrez très légèrement le moule à muffins pour faciliter le démoulage ou garnissez chaque alvéole d'une caissette en papier.
- Fendez la gousse de vanille en deux dans la longueur et grattez les graines avec la pointe d'un couteau.
- Dans un saladier ou dans le bol d'un robot, battez le sucre avec l'œuf et les graines de vanille, jusqu'à l'obtention d'une texture légère et mousseuse. Incorporez la farine et la levure chimique, puis versez le yaourt et le beurre fondu pour assouplir la pâte. Mélangez afin d'obtenir une pâte lisse et homogène.
- Cassez le chocolat en morceaux et faites-le fondre à feu très doux avec le reste de beurre.
- À l'aide d'une cuillère, remplissez les moules aux deux tiers en alternant 2 ou 3 couches de pâte à muffins et de chocolat fondu.
- Enfournez pour 20 minutes, jusqu'à ce que les muffins soient bien gonflés, dorés à l'extérieur et cuits à l'intérieur. Vérifiez la cuisson avec la pointe d'un couteau : elle doit ressortir sèche.
- Sortez les muffins du four et dégustez-les tièdes : c'est encore meilleur lorsque le chocolat est chaud et fondant.

Muffins au foie gras

Pour 6 muffins
Préparation : 10 min
Cuisson : 20 min

150 g de foie gras (bloc, entier, reconstitué, en conserve…)

2 œufs

100 g de beurre + un peu pour le moule (facultatif)

1 ½ pot de yaourt nature

260 g de farine

100 g de pain d'épice

1 sachet de levure chimique

Sel et poivre

- Préchauffez le four à 180 °C (th. 6).
- Faites fondre le beurre dans une petite casserole, puis réservez.
- Beurrez très légèrement le moule à muffins pour faciliter le démoulage ou garnissez chaque alvéole d'une caissette en papier.
- Coupez le foie gras en dés et réduisez le pain d'épice en poudre dans le bol d'un robot. Réservez.
- Dans un saladier ou dans le bol d'un robot, mélangez la farine, la levure chimique et la poudre de pain d'épice. Dans un autre saladier, mélangez les œufs battus avec le yaourt et le beurre fondu pour obtenir une pâte lisse et homogène, puis incorporez les dés de foie gras. Salez, poivrez et mélangez.
- À l'aide d'une cuillère, remplissez les moules aux deux tiers (environ 90 g de pâte par moule pour avoir de gros muffins).
- Enfournez pour 20 minutes, jusqu'à ce que les muffins soient bien gonflés, dorés à l'extérieur et cuits à l'intérieur. Vérifiez la cuisson avec la pointe d'un couteau : elle doit ressortir sèche.
- Sortez les muffins du four, puis dégustez-les chauds ou tièdes.

Muffins aux œufs de poissons

Pour 12 muffins
Préparation : 10 min
Cuisson : 20 min

- 70 g d'œufs de saumon ou de truite + 10 g pour le décor
- 60 g d'œufs de lump noirs + 10 g pour le décor
- 60 g d'œufs de lump rouges + 10 g pour le décor
- 2 œufs
- 120 g de beurre + un peu pour le moule (facultatif)
- 100 g de crème fraîche épaisse pour le décor
- 1 pot de yaourt nature
- 200 g de farine
- 1 sachet de levure chimique
- Sel et poivre

• Préchauffez le four à 180 °C (th. 6).

• Faites fondre le beurre dans une petite casserole, puis réservez.

• Beurrez très légèrement le moule à muffins pour faciliter le démoulage ou garnissez chaque alvéole d'une caissette en papier.

• Dans un saladier ou dans le bol d'un robot, mélangez les œufs entiers, la farine et la levure chimique. Versez le yaourt et le beurre fondu pour assouplir la pâte. Salez et poivrez, puis mélangez afin d'obtenir une pâte lisse et homogène.

• Répartissez la pâte dans trois saladiers différents. Ajoutez dans le premier les œufs de saumon, dans le deuxième, les œufs de lump noirs et dans le dernier, les œufs de lump rouges. Mélangez bien.

• À l'aide d'une cuillère, remplissez les moules aux deux tiers.

• Enfournez pour 20 minutes, jusqu'à ce que les muffins soient bien gonflés, dorés à l'extérieur et cuits à l'intérieur. Vérifiez la cuisson avec la pointe d'un couteau : elle doit ressortir sèche.

• Sortez les muffins du four, décorez d'une petite noisette de crème fraîche et de quelques œufs de poissons, puis dégustez sans attendre.

Mini-muffins chic aux cèpes parfumés à la truffe

Pour 12 mini-muffins
Préparation : 10 min
Cuisson : 25 min

- 200 g de cèpes
- 1 échalote
- 1 œuf
- 50 g de beurre
- ½ pot de yaourt nature
- 100 g de farine
- ½ sachet de levure chimique
- 1 cuill. à soupe d'huile de truffe
- Sel et poivre

• Préchauffez le four à 180 °C (th. 6).

• Faites fondre 30 g de beurre dans une petite casserole, puis réservez.

• Préparez 12 mini-caissettes en papier.

• Passez les cèpes sous un filet d'eau froide et brossez la terre. Essuyez-les délicatement, puis coupez-les en dés.

• Épluchez et hachez l'échalote. Dans une sauteuse, faites fondre 10 g de beurre, ajoutez les cèpes et faites-les sauter rapidement. Ôtez l'excédent d'eau, puis ajoutez l'échalote et 10 g de beurre. À feu vif, faites revenir les cèpes pendant 2 minutes, salez et poivrez, puis réservez.

• Dans un saladier ou dans le bol d'un robot, mélangez l'œuf, la farine et la levure chimique. Versez le yaourt et le beurre fondu pour assouplir la pâte. Ajoutez les cèpes et l'huile de truffe, salez et poivrez, puis mélangez afin d'obtenir une pâte lisse et homogène.

• À l'aide d'une cuillère, remplissez les moules aux deux tiers.

• Enfournez pour 20 minutes, jusqu'à ce que les muffins soient bien gonflés, dorés à l'extérieur et cuits à l'intérieur. Vérifiez la cuisson avec la pointe d'un couteau : elle doit ressortir sèche.

• Sortez les muffins du four, puis dégustez-les chauds ou tièdes.

Muffins au rhum et chantilly en verrine

Pour 6 muffins
Préparation : 10 min
Cuisson : 20 min
Réfrigération : 2 h

200 g d'ananas

1 œuf

60 g de beurre + un peu pour le moule (facultatif)

½ pot de yaourt nature

100 g de farine

½ sachet de levure chimique

75 g de sucre en poudre

1 gousse de vanille

Pour le sirop

15 cl de rhum brun

30 g de sucre roux en poudre

Pour la crème

30 cl de crème liquide

1 cuill. à soupe de sucre glace

• Préchauffez le four à 180 °C (th. 6). Faites fondre le beurre dans une petite casserole, puis réservez. Beurrez très légèrement le moule à muffins pour faciliter le démoulage ou garnissez chaque alvéole d'une caissette en papier. Fendez la gousse de vanille et grattez les graines.

• Dans un saladier, battez le sucre avec l'œuf et les graines de vanille, jusqu'à l'obtention d'une texture mousseuse. Incorporez la farine et la levure chimique, puis versez le yaourt et le beurre fondu. Mélangez afin d'obtenir une pâte homogène.

• À l'aide d'une cuillère, remplissez les moules aux deux tiers, puis enfournez pour 20 minutes, jusqu'à ce que les muffins soient bien gonflés, dorés à l'extérieur et cuits à l'intérieur. Vérifiez la cuisson avec la pointe d'un couteau : elle doit ressortir sèche.

• Sortez les muffins du four et déposez-les dans des verres dont la taille dépasse légèrement celle des gâteaux. Réservez.

• Préparez le sirop : portez à ébullition 35 cl d'eau, le sucre roux et le rhum. Versez 5 cl de sirop sur les muffins pour les imbiber. Laissez-les refroidir au réfrigérateur et conservez le reste de sirop.

• Coupez l'ananas en tous petits dés et réservez. Battez la crème en chantilly, puis ajoutez le sucre glace.

• Sortez les verrines, répartissez le reste du sirop, recouvrez d'une petite couche d'ananas et ajoutez la chantilly. Conservez au réfrigérateur pendant 2 heures.

Muffins au thé vert

Pour 6 muffins
Préparation : 10 min
Cuisson : 20 min

1 œuf

60 g de beurre + un peu pour le moule (facultatif)

½ pot de yaourt nature

10 g de thé vert matcha

100 g de farine

½ sachet de levure chimique

75 g de sucre en poudre

- Préchauffez le four à 180 °C (th. 6).
- Faites fondre le beurre dans une petite casserole, puis réservez.
- Beurrez très légèrement le moule à muffins pour faciliter le démoulage ou garnissez chaque alvéole d'une caissette en papier.
- Dans un saladier ou dans le bol d'un robot, battez le sucre avec l'œuf, jusqu'à l'obtention d'une texture légère et mousseuse. Incorporez la farine et la levure chimique, puis versez le yaourt et le beurre fondu pour assouplir la pâte. Mélangez afin d'obtenir une pâte lisse et homogène, puis ajoutez le thé vert.
- À l'aide d'une cuillère, remplissez les moules aux deux tiers.
- Enfournez pour 20 minutes, jusqu'à ce que les muffins soient bien gonflés, dorés à l'extérieur et cuits à l'intérieur. Vérifiez la cuisson avec la pointe d'un couteau : elle doit ressortir sèche.
- Sortez les muffins du four, laissez-les refroidir sur une grille, puis dégustez-les tièdes ou froids, accompagnés d'un thé vert.

Muffins au mascarpone et aux fruits rouges

Pour 6 muffins
Préparation : 10 min
Cuisson : 20 min

400 g de fruits frais rouges mélangés (fraises, framboises, groseilles...)

1 œuf

60 g de beurre + un peu pour le moule (facultatif)

½ pot de yaourt nature

100 g de farine

½ sachet de levure chimique

75 g de sucre en poudre

Pour la crème

150 g de mascarpone

50 g de sucre en poudre

- Préchauffez le four à 180 °C (th. 6).
- Faites fondre le beurre dans une petite casserole, puis réservez.
- Beurrez très légèrement le moule à muffins pour faciliter le démoulage ou garnissez chaque alvéole d'une caissette en papier.
- Dans un saladier ou dans le bol d'un robot, battez le sucre avec l'œuf, jusqu'à l'obtention d'une texture légère et mousseuse. Incorporez la farine et la levure chimique, puis versez le yaourt et le beurre fondu pour assouplir la pâte. Mélangez afin d'obtenir une pâte lisse et homogène.
- À l'aide d'une cuillère, remplissez les moules aux deux tiers.
- Enfournez pour 20 minutes, jusqu'à ce que les muffins soient bien gonflés, dorés à l'extérieur et cuits à l'intérieur. Vérifiez la cuisson avec la pointe d'un couteau : elle doit ressortir sèche.
- Pendant ce temps, préparez la salade de fruits rouges : coupez les fraises en rondelles, ajoutez les framboises et les groseilles.
- Mélangez ensuite le sucre en poudre et le mascarpone pour la crème. Réservez.
- Sortez les muffins du four et laissez-les refroidir sur une grille.
- Dégustez les muffins accompagnés de la crème de mascarpone et des fruits rouges.

Muffins au citron, aux pistaches et au lemon curd

Pour 6 muffins
Préparation : 10 min
Cuisson : 20 min

Le zeste et le jus de 1 citron

1 œuf

60 g de beurre + un peu pour le moule (facultatif)

½ pot de yaourt nature

100 g de pistaches nature à pâtisserie (vendues en épicerie fine)

90 g de lemon curd

100 g de farine

½ sachet de levure chimique

75 g de sucre en poudre

- Préchauffez le four à 180 °C (th. 6).
- Faites fondre le beurre dans une petite casserole, puis réservez.
- Beurrez très légèrement le moule à muffins pour faciliter le démoulage ou garnissez chaque alvéole d'une caissette en papier.
- Hachez les pistaches avec 10 g de sucre. Conservez l'équivalent de 1 cuillerée à café pour la décoration.
- Dans un saladier ou dans le bol d'un robot, blanchissez le sucre avec l'œuf, jusqu'à l'obtention d'une texture légère et mousseuse. Incorporez la farine et la levure chimique, puis versez le yaourt et le beurre fondu pour assouplir la pâte. Mélangez afin d'obtenir une pâte lisse et homogène, puis ajoutez les pistaches, le jus et le zeste du citron.
- À l'aide d'une cuillère, remplissez les moules au tiers, déposez 1 cuillerée à café de lemon curd, puis recouvrez de pâte jusqu'aux deux tiers. Saupoudrez du reste de pistaches hachées.
- Enfournez pour 20 minutes, jusqu'à ce que les muffins soient bien gonflés, dorés à l'extérieur et cuits à l'intérieur. Vérifiez la cuisson avec la pointe d'un couteau : elle doit ressortir sèche.
- Sortez les muffins du four, laissez-les refroidir sur une grille, puis dégustez-les tièdes ou froids.

Muffins déguisés en framboisiers

Pour 6 muffins
Préparation : 1 h
Cuisson : 45 min
Réfrigération : 2 h

200 g de framboises fraîches ou surgelées

6 petites feuilles de menthe

1 œuf

60 g de beurre

½ pot de yaourt nature

150 g de pâte d'amande rose ou verte

100 g de farine

½ sachet de levure chimique

75 g de sucre en poudre

Pour la crème mousseline

2 œufs

25 cl de lait

125 cl de beurre

2 cuill. à café de kirsch

1 gousse de vanille

15 g de farine

15 g de Maïzena®

40 g de sucre en poudre

• Préchauffez le four à 180 °C (th. 6). Faites fondre le beurre dans une casserole, puis réservez. Beurrez le moule à muffins.

• Dans un saladier, battez le sucre avec l'œuf, jusqu'à l'obtention d'une texture mousseuse. Incorporez la farine et la levure chimique, puis versez le yaourt et le beurre fondu et mélangez. Avec une cuillère, remplissez les moules aux deux tiers, puis enfournez pour 20 minutes. Sortez les muffins du four et laissez-les refroidir. Étalez la pâte d'amande sur 3 mm d'épaisseur. À l'aide d'un cercle, découpez des ronds de même diamètre que les muffins. Réservez.

• Pour la crème mousseline. Dans un saladier, blanchissez les œufs avec le sucre, puis incorporez la farine et la Maïzena® et mélangez. Amenez le lait à ébullition, après y avoir mis la gousse de vanille fendue et grattée, versez-le sur la préparation précédente en remuant au fouet. Transvasez dans la casserole du lait et faites cuire à feu doux 2 ou 3 minutes en remuant sans cesse au fouet. Débarrassez la crème dans un saladier, retirez la gousse de vanille, parfumez avec le kirsch. Ajoutez la moitié du beurre dans la crème chaude et fouettez. Étirez un film alimentaire au contact de la crème. Laissez refroidir, puis incorporez-y le reste du beurre à l'aide d'un batteur-mixeur. Réservez au frais.

• Coupez les muffins en deux. Recouvrez la base du muffin de crème mousseline, garnissez de framboises sur les bords et au centre, ajoutez de la crème pour combler les espaces vides. Égalisez légèrement le chapeau de l'autre moitié du muffin. Posez la partie haute du muffin par-dessus. Décorez avec un rond de pâte d'amande, déposez une framboise et une feuille de menthe. Conservez au frais 2 heures avant de servir.

Muffins aux figues, au magret et aux pignons

Pour 6 muffins
Préparation : 10 min
Cuisson : 20 min

- 110 g de magret de canard fumé
- 1 œuf
- 60 g de beurre + un peu pour le moule (facultatif)
- ½ pot de yaourt nature
- 120 g de figues sèches
- 10 g de pignons
- 100 g de farine
- ½ sachet de levure chimique
- Sel et poivre

• Préchauffez le four à 180 °C (th. 6).

• Faites fondre le beurre dans une petite casserole, puis réservez.

• Beurrez très légèrement le moule à muffins pour faciliter le démoulage ou garnissez chaque alvéole d'une caissette en papier.

• Après avoir retiré le gras, hachez le magret. Coupez les figues en petits dés et réservez.

• Dans un saladier ou dans le bol d'un robot, mélangez l'œuf, la farine et la levure chimique. Versez le yaourt et le beurre fondu pour assouplir la pâte. Ajoutez le magret haché et les dés de figues, salez et poivrez, puis mélangez afin d'obtenir une pâte lisse et homogène.

• À l'aide d'une cuillère, remplissez les moules aux deux tiers. Décorez de quelques pignons.

• Enfournez pour 20 minutes, jusqu'à ce que les muffins soient bien gonflés, dorés à l'extérieur et cuits à l'intérieur. Vérifiez la cuisson avec la pointe d'un couteau : elle doit ressortir sèche.

• Sortez les muffins du four, puis dégustez-les bien chauds.

Muffins bretons au sarrasin, à l'andouille et à l'oignon

Pour 6 muffins
Préparation : 10 min
Cuisson : 25 min

120 g d'andouille de Guémené

1 oignon doux

1 œuf

5 cl de lait

15 g de beurre doux + un peu pour le moule (facultatif)

70 g de beurre demi-sel

1 cuill. à soupe de crème liquide

½ pot de yaourt nature

100 g de farine de sarrasin

1 sachet de levure chimique

Sel et poivre

- Préchauffez le four à 180 °C (th. 6).
- Faites fondre le beurre demi-sel dans une petite casserole, puis réservez.
- Beurrez très légèrement le moule à muffins pour faciliter le démoulage ou garnissez chaque alvéole d'une caissette en papier.
- Taillez l'andouille en petits dés. Épluchez l'oignon et hachez-le. Dans une poêle, faites fondre le beurre doux, puis faites revenir l'oignon à feu doux pendant 3 à 4 minutes, sans qu'il colore.
- Dans un saladier ou dans le bol d'un robot, battez l'œuf avec le yaourt et la crème liquide. Versez la farine et la levure, puis délayez avec le lait et le beurre demi-sel fondu. Mélangez jusqu'à l'obtention d'une pâte lisse et homogène, salez et poivrez, puis incorporez délicatement les dés d'andouille et l'oignon.
- À l'aide d'une cuillère, remplissez les moules aux deux tiers.
- Enfournez pour 20 minutes, jusqu'à ce que les muffins soient bien gonflés, dorés à l'extérieur et cuits à l'intérieur. Vérifiez la cuisson avec la pointe d'un couteau : elle doit ressortir sèche.
- Sortez les muffins du four, puis dégustez-les chauds ou tièdes avec un verre de cidre.

Muffins comme une pizza

Pour 6 muffins
Préparation : 10 min
Cuisson : 20 min

150 g de jambon de Parme

150 g de mozzarella râpée

12 tomates cerises

6 olives noires

2 œufs

10 cl de lait

Beurre pour le moule (facultatif)

1 cuill. à café de basilic ou d'origan séché

80 g de farine

½ sachet de levure chimique

5 cl d'huile d'olive

Sel et poivre

- Préchauffez le four à 180 °C (th. 6).
- Beurrez très légèrement le moule à muffins pour faciliter le démoulage ou garnissez chaque alvéole d'une caissette en papier.
- Hachez le jambon de Parme et réservez.
- Détaillez 6 tomates cerises en dés, puis coupez les autres en deux. Réservez le tout dans deux bols différents.
- Dans un saladier ou dans le bol d'un robot, battez les œufs avec le lait et l'huile d'olive. Versez la farine et la levure, salez et poivrez, puis mélangez jusqu'à l'obtention d'une pâte lisse et homogène. Ajoutez 110 g de mozzarella râpée, le jambon, les herbes séchées et les dés de tomates cerises.
- À l'aide d'une cuillère, remplissez les moules aux deux tiers.
- Disposez sur le dessus de chaque muffin 2 moitiés de tomate cerise, saupoudrez du reste de mozzarella râpée et décorez d'une olive.
- Enfournez pour 20 minutes, jusqu'à ce que les muffins soient bien gonflés, dorés à l'extérieur et cuits à l'intérieur. Vérifiez la cuisson avec la pointe d'un couteau : elle doit ressortir sèche.
- Sortez les muffins du four, puis dégustez-les chauds ou tièdes.

Muffins façon carrot cake et crème au citron

Pour 6 muffins
Préparation : 20 min
Cuisson : 20 min

200 g de carottes

Le zeste râpé et le jus de ½ orange

2 œufs

50 g de beurre mou

30 g de noix de pécan ou de noix hachées

30 g de poudre d'amandes

½ cuill. à café de cannelle + ½ cuill. à café de noix muscade

¼ de cuill. à café de gingembre en poudre

40 g de farine

½ cuill. à café de levure chimique

95 g de vergeoise brune ou blonde

Pour la crème

Le zeste râpé et le jus de 1 citron vert

50 g de crème fraîche épaisse

50 g de mascarpone

30 g de sucre glace

• Préchauffez le four à 180 °C (th. 6).

• Beurrez très légèrement le moule à muffins pour faciliter le démoulage ou garnissez chaque alvéole d'une caissette en papier.

• Épluchez, lavez et râpez les carottes.

• Dans un saladier ou dans le bol d'un robot, mélangez le beurre mou et la vergeoise jusqu'à l'obtention d'une crème lisse. Incorporez au fur et à mesure les œufs entiers, un par un, le jus d'orange, le zeste, les épices, la poudre d'amandes, les noix hachées, la farine, la levure et les carottes râpées, en mélangeant régulièrement.

• À l'aide d'une cuillère, remplissez les moules aux deux tiers.

• Enfournez pour 20 minutes, jusqu'à ce que les muffins soient bien gonflés, dorés à l'extérieur et cuits à l'intérieur. Vérifiez la cuisson avec la pointe d'un couteau : elle doit ressortir sèche.

• Pendant ce temps, préparez la crème. Mélangez dans un saladier le mascarpone, la crème fraîche, le sucre glace, ainsi que le zeste et le jus de citron. Réservez au frais.

• Sortez-les muffins du four, laissez-les refroidir sur une grille, puis dégustez-les tièdes ou froids, accompagnés de la crème au citron vert.

Muffins Oreo®

Pour 6 muffins
Préparation : 10 min
Cuisson : 20 min

1 œuf

60 g de beurre + un peu pour le moule (facultatif)

½ pot de yaourt nature

6 Oreo®

100 g de farine

½ sachet de levure chimique

75 g de sucre en poudre

- Préchauffez le four à 180 °C (th. 6).
- Faites fondre le beurre dans une petite casserole, puis réservez.
- Beurrez très légèrement le moule à muffins pour faciliter le démoulage ou garnissez chaque alvéole d'une caissette en papier.
- Dans un saladier ou dans le bol d'un robot, blanchissez le sucre avec l'œuf, jusqu'à l'obtention d'une texture légère et mousseuse. Incorporez la farine et la levure chimique, puis versez le yaourt et le beurre fondu pour assouplir la pâte. Mélangez afin d'obtenir une pâte lisse et homogène.
- Déposez 1 Oreo® au fond de chaque alvéole, puis, à l'aide d'une cuillère, remplissez les moules aux deux tiers.
- Enfournez pour 20 minutes, jusqu'à ce que les muffins soient bien gonflés, dorés à l'extérieur et cuits à l'intérieur. Vérifiez la cuisson avec la pointe d'un couteau : elle doit ressortir sèche.
- Sortez les muffins du four, laissez-les refroidir sur une grille, puis dégustez-les tièdes ou froids.

OREO
OREO
OREO

Muffins aux Daim®

Pour 6 muffins
Préparation : 10 min
Cuisson : 20 min

1 œuf

60 g de beurre + un peu pour le moule (facultatif)

½ pot de yaourt nature

30 bonbons Daim®

100 g de farine

½ sachet de levure chimique

70 g de sucre en poudre

- Préchauffez le four à 180 °C (th. 6).
- Faites fondre le beurre dans une petite casserole, puis réservez.
- Beurrez très légèrement le moule à muffins pour faciliter le démoulage ou garnissez chaque alvéole d'une caissette en papier.
- Dans le bol d'un robot ou au couteau, concassez 24 Daim®.
- Dans un saladier ou dans le bol d'un robot, battez le sucre avec l'œuf, jusqu'à l'obtention d'une texture légère et mousseuse. Incorporez la farine et la levure chimique, puis versez le yaourt et le beurre fondu pour assouplir la pâte. Mélangez afin d'obtenir une pâte lisse et homogène, puis ajoutez les brisures de Daim®.
- À l'aide d'une cuillère, remplissez les moules aux deux tiers.
- Enfournez pour 20 minutes, jusqu'à ce que les muffins soient bien gonflés, dorés à l'extérieur et cuits à l'intérieur. Vérifiez la cuisson avec la pointe d'un couteau : elle doit ressortir sèche.
- Sortez les muffins du four, décorez-les chacun d'un Daim® et dégustez chauds, tièdes ou froids.

Muffins cappuccino

Pour 6 muffins
Préparation : 10 min
Cuisson : 20 min

1 œuf

60 g de beurre + un peu pour le moule (facultatif)

½ pot de yaourt nature

4 cuill. à café d'extrait de café

100 g de farine

½ sachet de levure chimique

75 g de sucre en poudre

1 cuill. à café de cacao en poudre

Pour la crème

20 cl de crème liquide

1 cuill. à café de mascarpone

1 cuill. à café de sucre en poudre

- Préchauffez le four à 180 °C (th. 6).
- Faites fondre le beurre dans une petite casserole, puis réservez.
- Beurrez très légèrement le moule à muffins pour faciliter le démoulage ou garnissez chaque alvéole d'une caissette en papier.
- Dans un saladier ou dans le bol d'un robot, battez le sucre avec l'œuf, jusqu'à l'obtention d'une texture légère et mousseuse. Incorporez la farine et la levure chimique, puis versez le yaourt, le beurre fondu et l'extrait de café pour assouplir la pâte. Mélangez afin d'obtenir une pâte lisse et homogène.
- À l'aide d'une cuillère, remplissez les moules aux deux tiers.
- Enfournez pour 20 minutes, jusqu'à ce que les muffins soient bien gonflés, dorés à l'extérieur et cuits à l'intérieur. Vérifiez la cuisson avec la pointe d'un couteau : elle doit ressortir sèche.
- Pendant ce temps, montez la crème liquide en chantilly, puis ajoutez le mascarpone et le sucre pour donner de la consistance. Réservez au frais.
- Sortez les muffins du four, puis laissez-les refroidir sur une grille.
- Lorsqu'ils sont bien froids, coupez le haut des muffins, déposez une belle cuillerée de crème, recouvrez du chapeau et saupoudrez très légèrement de cacao en poudre. Dégustez en accompagnement de votre café.

Muffins aux speculoos et à la cannelle, glace aux Carambar®

Pour 6 muffins
Préparation : 10 min
Cuisson : 20 min

1 œuf

60 g de beurre + un peu pour le moule (facultatif)

½ pot de yaourt nature

150 g de pâte de speculoos (vendue en grande surface)

100 g de farine

½ sachet de levure chimique

75 g de sucre en poudre

1 pincée de cannelle

Pour la glace au Carambar®

20 cl de crème liquide

15 Carambar®

1 pincée de cannelle

• Préchauffez le four à 180 °C (th. 6).

• Faites fondre le beurre dans une petite casserole, puis réservez.

• Beurrez très légèrement le moule à muffins pour faciliter le démoulage ou garnissez chaque alvéole d'une caissette en papier.

• Dans un saladier ou dans le bol d'un robot, battez le sucre avec l'œuf, jusqu'à l'obtention d'une texture légère et mousseuse. Incorporez la farine et la levure chimique, puis versez le yaourt, le beurre fondu et la pâte de speculoos. Mélangez afin d'obtenir une pâte lisse et homogène.

• À l'aide d'une cuillère, remplissez les moules aux deux tiers.

• Enfournez pour 20 minutes, jusqu'à ce que les muffins soient bien gonflés, dorés à l'extérieur et cuits à l'intérieur. Vérifiez la cuisson avec la pointe d'un couteau : elle doit ressortir sèche.

• Enfournez pour 20 minutes, jusqu'à ce que les muffins soient bien gonflés, dorés à l'extérieur et cuits à l'intérieur. Vérifiez la cuisson avec la pointe d'un couteau : elle doit ressortir sèche.

• Préparez la glace au Carambar® : dans une casserole, faites fondre les Carambar® à feu doux avec la crème liquide et la cannelle. Faites prendre la glace dans une turbine ou dans un moule au congélateur. Sortez les muffins du four, laissez-les refroidir sur une grille, puis saupoudrez de cannelle. Dégustez-les tièdes ou froids, accompagnés de la glace aux Carambar®.

Muffins Suzette

Pour 6 muffins
Préparation : 10 min
Cuisson : 20 min

- Le zeste et le jus de 1 orange
- Le zeste et le jus de 1 citron
- 1 œuf
- 60 g de beurre + un peu pour le moule (facultatif)
- ½ pot de yaourt nature
- 12 cl de Grand Marnier®
- 3 cuill. à soupe de confiture d'agrumes (facultatif)
- 100 g de farine
- ½ sachet de levure chimique
- 75 g de sucre en poudre

• Préchauffez le four à 180 °C (th. 6).

• Faites fondre le beurre dans une petite casserole, puis réservez.

• Beurrez très légèrement le moule à muffins pour faciliter le démoulage ou garnissez chaque alvéole d'une caissette en papier.

• Dans un saladier ou dans le bol d'un robot, battez le sucre avec l'œuf, jusqu'à l'obtention d'une texture légère et mousseuse. Incorporez la farine et la levure chimique, puis versez le yaourt et le beurre fondu pour assouplir la pâte. Ajoutez le Grand Marnier®, ainsi que les zestes et les jus de l'orange et du citron, puis mélangez afin d'obtenir une pâte lisse et homogène.

• À l'aide d'une cuillère, remplissez les moules aux deux tiers.

• Enfournez pour 20 minutes, jusqu'à ce que les muffins soient bien gonflés, dorés à l'extérieur et cuits à l'intérieur. Vérifiez la cuisson avec la pointe d'un couteau : elle doit ressortir sèche.

• Sortez-les muffins du four, laissez-les refroidir sur une grille, puis dégustez-les tièdes ou froids, accompagnés de confiture d'agrumes si vous le souhaitez.

Muffins cœur coulant à la fraise

Pour 6 muffins
Préparation : 40 min
Cuisson : 30 à 35 min

1 œuf

60 g de beurre + un peu pour le moule (facultatif)

½ pot de yaourt nature

100 g de farine

½ sachet de levure chimique

75 g de sucre en poudre

Pour le confit de fraises

400 g de fraises + 6 petites fraises pour le décor

60 g de sucre en poudre

60 g de Vitpris®

2 feuilles de gélatine

• Préparez le confit de fraises : faites ramollir les feuilles de gélatine dans un bol d'eau froide. Lavez et équeutez les fraises, puis détaillez-les en petits cubes. Faites-les cuire dans une casserole à feu doux avec le sucre, puis versez le Vitpris® et laissez cuire pendant 10 à 15 minutes. Au terme de la cuisson, ajoutez la gélatine trempée. Réservez au frais afin que le confit soit bien froid.

• Préchauffez le four à 180 °C (th. 6).

• Faites fondre le beurre dans une petite casserole, puis réservez.

• Beurrez très légèrement le moule à muffins pour faciliter le démoulage ou garnissez chaque alvéole d'une caissette en papier.

• Dans un saladier ou dans le bol d'un robot, battez le sucre avec l'œuf, jusqu'à l'obtention d'une texture légère et mousseuse. Incorporez la farine et la levure chimique, puis versez le yaourt et le beurre fondu pour assouplir la pâte. Mélangez afin d'obtenir une pâte lisse et homogène.

• À l'aide d'une cuillère, remplissez les moules au tiers, déposez une belle cuillerée à café de confit de fraises, puis recouvrez de pâte jusqu'aux deux tiers du moule.

• Enfournez pour 20 minutes, jusqu'à ce que les muffins soient bien gonflés, dorés à l'extérieur et cuits à l'intérieur. Vérifiez la cuisson avec la pointe d'un couteau : elle doit ressortir sèche.

• Sortez les muffins du four et laissez-les refroidir sur une grille. Décorez d'une fraise fraîche, puis dégustez.

Découvrez le catalogue des éditions Solar sur : **www.solar.fr**
Testez chaque jour une nouvelle recette sur www.solar.fr
rubrique « Club des Gourmands ».

Échangez avec des auteurs, blogueurs et autres gourmands
sur notre page Facebook où des surprises vous attendent :
www.facebook.com/ClubDesGourmandsSolar

Direction éditoriale : Corinne Cesano
Édition : Candice Roger
Graphisme et suivi artistique : Julia Philipps
Mise en page : APS/Chromostyle
Photogravure : APS/Chromostyle
Fabrication : Laurence Duboscq

ISBN : 978-2-263-06972-7
Code éditeur : S06972
Dépôt légal : juin 2015
Imprimé en France chez Loire Offset Titoulet

Solar | un département place des éditeurs